SPIELANLEITUNG

„Die Liebe besteht zu drei Vierteln aus Neugier“, sagte schon Giacomo Casanova. Erst recht, wenn es sich dabei um den eigenen Ehepartner handelt. 111 lustige, hintergründige und spannende Fragen – erst für sie, dann für ihn – gilt es jeweils richtig zu beantworten. Jeder beantwortet die Fragen zunächst einmal für sich allein – anschließend bewertet sie der Partner. Für jede richtige Antwort gibt es 10 Punkte. Jede weitere korrekte Mehrfachnennung gibt einen Bonuspunkt extra.

So gut kennt ihr euch also wirklich:

Über 1.100 Punkte:
SPITZENREKORD!!! Du bist der absolute Experte, was deinen Ehepartner betrifft!

Über 700 bis 1.100 Punkte:
Respekt, du kennst deine bessere Hälfte annähernd so gut wie dich selbst.

Über 300 bis 700 Punkte:
Gut, aber teilweise noch ausbaufähig.

Bis 300 Punkte:
Macht nichts – üben, üben, üben.

Viel Vergnügen beim Lösen, Tüfteln und Rätseln – vor allem aber jede Menge Spaß beim gemeinsamen Austausch! Dieser Test hält garantiert einige Neuigkeiten für euch bereit!

Wie gut KENNST du deinen EHEMANN?

111 QUIZ-FRAGEN FÜR SIE

?

STIMMT DAS?
FRAG DEINEN EHEMANN

WAS KANN ER GAR NICHT?

- ☐ Die Waschmaschine bedienen
- ☐ Reifen wechseln
- ☐ Schach spielen
- ☐ Sich in Geduld üben
- ☐ Lügen
- ☐ Krabben pulen

WAS IST SEIN LIEBLINGSESSEN?

....

WAS IST SEIN LIEBLINGSGETRÄNK?

Mit Alkohol: ....

Ohne Alkohol: ....

WIE BESTELLT ER SEIN WASSER IM RESTAURANT?

- ☐ Mit Sprudel
- ☐ Ohne Sprudel
- ☐ Mit Zitronenspalte

WAS IST SEINE LIEBSTE EISSORTE?

....

?

STIMMT DAS?
FRAG DEINEN EHEMANN

WENN GELD KEINE ROLLE SPIELEN WÜRDE: WO WÜRDET IHR, WENN ES NACH IHM GEHT, (ZEITWEILIG) WOHNEN?

- ☐ Schickes Loft in der City
- ☐ Haus am Meer
- ☐ Blockhütte in den Bergen
- ☐ Alter Bauernhof im Grünen
- ☐ Schnuckliges Hausboot
- ☐ Traumschloss
- ☐ Im Zelt/Camping-Bus überall auf der Welt

WANN HAT ER ZUM LETZTEN MAL MIT SEINER MUTTER TELEFONIERT?

....

WAS IST SEIN TRAUMAUTO?

....

WO BEWAHRT ER SEIN HANDY AUF, WENN ER UNTERWEGS IST?

- ☐ Rechte Hosentasche
- ☐ Linke Hosentasche
- ☐ Umhängetasche
- ☐ Rucksack
- ☐ Gürteltasche

STIMMT DAS?
FRAG DEINEN EHEMANN

WAS BRINGT IHN SCHNELL AUF DIE PALME?

....

WELCHES GLÜCKSSPIEL HAT ER SCHON AUSPROBIERT?

- [ ] Lotto
- [ ] Blackjack
- [ ] Wer wird Millionär?
- [ ] Sportwetten

WIE RASIERT ER SICH?

- [ ] Nass
- [ ] Trocken
- [ ] Gar nicht

WO WURDE SEIN VATER GEBOREN?

....

WAS IST IHM IM URLAUB WICHTIG?

- [ ] Luxus
- [ ] Abenteuer
- [ ] Pool
- [ ] Romantik
- [ ] Essen
- [ ] Kingsize-Bett
- [ ] Entspannung
- [ ] Sport

?

STIMMT DAS?
FRAG DEINEN EHEMANN

HAT ER EINE LIEBLINGSFERNSEHSERIE? WENN JA, WELCHE?

....

WELCHEN DIESER FILME HAT ER GESEHEN?

- [ ] Titanic
- [ ] Dirty Dancing
- [ ] Verrückt nach Mary
- [ ] Die Reifeprüfung
- [ ] Star Wars
- [ ] 2001: Odyssee im Weltraum
- [ ] Skyfall

WIE VIELE GESCHWISTER HAT SEINE MUTTER?

1 2 3 ....

GLAUBT ER AN GOTT?

- [ ] Ja
- [ ] Nein
- [ ] Manchmal

WOVON TRÄUMT ER HEIMLICH?

- [ ] Porsche fahren
- [ ] Fallschirmspringen
- [ ] Erotische Abenteuer
- [ ] Bagger fahren
- [ ] Rockstar sein
- [ ] Vom Auswandern

? STIMMT DAS?
FRAG DEINEN EHEMANN

WOMIT HAT ER ALS KIND GESPIELT?

- ☐ Lego
- ☐ Playmobil
- ☐ Modelleisenbahn
- ☐ Barbie
- ☐ Nachbarshund
- ☐ Spielzeugautos
- ☐ Kastanien, Stöcke und alles Mögliche, was sich so draußen findet

WELCHES BUCH LIEST ER GERADE?

KANN ER SEINE ZUNGE ROLLEN?

- ☐ Ja
- ☐ Nein

WAS ZÄHLT ZU SEINEN SCHÖNSTEN KINDHEITSERINNERUNGEN?

....

WAS WAR DAS LETZTE GESCHENK, DAS ER BESORGT HAT? FÜR WEN?

....

....

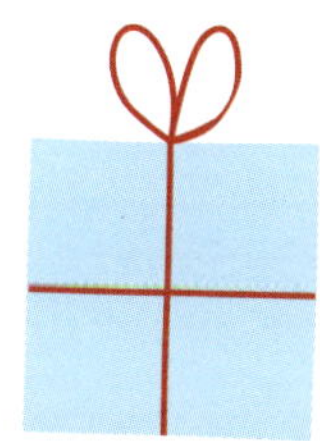

?

STIMMT DAS?
FRAG DEINEN EHEMANN

WELCHE KLEIDERGRÖSSE TRÄGT ER (MEISTENS)?

☐ XS ☐ S ☐ M ☐ L ☐ XL ☐ XXL

KENNST DU SEINE KRAGENWEITE?

☐ Ja, und zwar: ....

☐ Nein, ich passe.

UND WIE SIEHT ES MIT SEINER SCHUHGRÖSSE AUS?

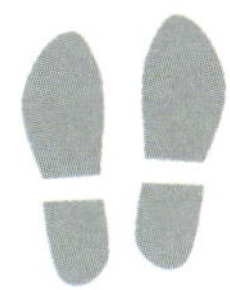

....

IST SEIN ZWEITER ZEH LÄNGER ALS SEIN GROSSER ZEH?

☐ Ja ☐ Nein

WAS IST SEIN ABSOLUTES TRAUMREISEZIEL?

....

VERSUCHE, HIER SEINE UNTERSCHRIFT ZU IMITIEREN:

....

?
STIMMT DAS?
FRAG DEINEN EHEMANN

HAT ER SCHON MAL EUREN HOCHZEITSTAG VERGESSEN?

☐ ☐ Ja, und zwar so oft: .... ☐ Noch nie

WELCHES LEBENSMITTEL SCHMECKT IHM GAR NICHT?

☐ ....

ER FINDET EINEN WERTVOLLEN RING AUF DER STRASSE. WAS WÜRDE ER TUN?

☐ ☐ Ihn mir schenken
☐ Ihn zu Geld machen
☐ Ihn ins Fundbüro bringen
☐ Einen Zettel in der Nachbarschaft aufhängen

WAS WAR SEIN LIEBLINGSFACH IN DER SCHULE?

☐ ....

HAT ER EINEN GRÜNEN DAUMEN?

☐ ☐ Ja ☐ Nein ☐ Kommt ganz auf die Pflanze an

STIMMT DAS?
FRAG DEINEN EHEMANN

WIE LANGE PUTZT ER SICH DIE ZÄHNE?

☐ Unter 3 Minuten
☐ Genau 3 Minuten
☐ Länger als 3 Minuten

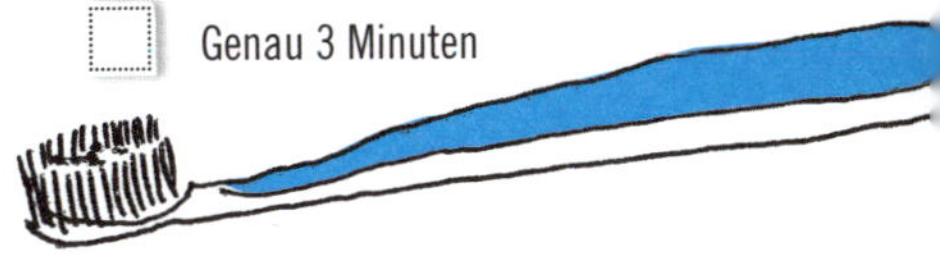

WAS IST SEINE LIEBSTE SCHLAFPOSITION?

☐ Auf dem Bauch
☐ Auf dem Rücken
☐ Auf der Seite

WELCHES POSTER HING IN SEINEM KINDERZIMMER?

....

WIE LANGE DAUERT EIN DURCHSCHNITTLICHES TELEFONGESPRÄCH BEI IHM?

☐ Unter 5 Minuten
☐ Über 5 Minuten
☐ Über 15 Minuten
☐ Über 30 Minuten

WELCHES (FILM-)TIER KÄME IHM AM EHESTEN INS HAUS?

☐ Nemo (Fisch)
☐ Lassie (Hund)
☐ Garfield (Katze)
☐ Bugs Bunny (Nager)
☐ Tweety (Vogel)
☐ Kaa (Reptil)

STIMMT DAS?
FRAG DEINEN EHEMANN

WELCHEN FILM HAT ER BISHER AM HÄUFIGSTEN GESEHEN?

....

WENN ER PLÖTZLICH ZUM SUPERHELDEN MUTIEREN WÜRDE – WER WÄRE ER AM LIEBSTEN?

- ☐ Superman
- ☐ Spider-Man
- ☐ Batman
- ☐ Einer der X-Men
- ☐ Daredevil

GIBT ES ETWAS AUS SEINER VERGANGENHEIT, DAS ER BIS HEUTE BEREUT?

....

WELCHES DIESER STERNBILDER KANN ER AM HIMMEL ERKENNEN?

- ☐ Großer Bär/Wagen
- ☐ Kreuz des Südens
- ☐ Schütze
- ☐ Andromeda
- ☐ Keines

WIE LANGE DAUERT ES IN DER REGEL, BIS ER EINGESCHLAFEN IST?

- ☐ Sobald das Licht gelöscht wird
- ☐ 10 bis 15 Minuten
- ☐ Länger als 15 Minuten
- ☐ Über eine halbe Stunde

STIMMT DAS?
FRAG DEINEN EHEMANN

WELCHER DER UNTENSTEHENDEN „KOMIKER" KÄME, IHM ZUFOLGE, SEINEM HUMOR AM NÄCHSTEN?

- [ ] Loriot
- [ ] Helge Schneider
- [ ] Mario Barth
- [ ] Harald Schmidt
- [ ] Urban Priol
- [ ] Spongebob Schwammkopf

HATTE ER ALS KIND EINEN SPITZNAMEN?

Wenn ja, wie lautet er? ....

WENN JEMAND EINE MASCHINE ERFINDEN WÜRDE, DIE ZEITREISEN ERMÖGLICHT, WOHIN WÜRDE ER DANN REISEN? (NUR EINE MÖGLICHKEIT GEGEBEN)

- [ ] Vergangenheit
- [ ] Zukunft

WELCHES DER FOLGENDEN ÄMTER WÜRDE ER AM EHESTEN ANTRETEN, WENN ER MÜSSTE?

- [ ] Bundeskanzler
- [ ] Außenminister
- [ ] Umweltminister
- [ ] Finanzminister
- [ ] DFB-Präsident

HAT ER VORBILDER? WELCHE?

....

STIMMT DAS?
FRAG DEINEN EHEMANN

WEN, GLAUBST DU, FINDET ER – ABGESEHEN VON DIR NATÜRLICH – AM ATTRAKTIVSTEN?

- ☐ Keira Knightley
- ☐ Claudia Schiffer
- ☐ Heidi Klum
- ☐ Scarlett Johansson
- ☐ Halle Berry
- ☐ Christine Neubauer
- ☐ Sylvie van der Vaart
- ☐ Fernanda Brandão

WAS WAR DIE ERSTE MUSIK-CD BZW. -PLATTE, DIE ER SICH GEKAUFT HAT?

....

WIE GUT IST IM DURCHSCHNITT SEINE LAUNE FRÜHMORGENS? WIE SCHÄTZT ER SICH EIN?

- ☐ Bestens
- ☐ Mittelprächtig
- ☐ Definitiv: ein Morgenmuffel!

WAS WAR SEIN LETZTER TRAUM? WAS IST PASSIERT? UND WER KAM DARIN VOR?

....

....

STIMMT DAS?
FRAG DEINEN EHEMANN

WELCHE DER FOLGENDEN TÄTIGKEITEN IM HAUSHALT MAG ER AM ALLERWENIGSTEN?

- ☐ Hemden bügeln
- ☐ Einkaufen gehen
- ☐ Staubsaugen
- ☐ Müll runterbringen
- ☐ Abspülen
- ☐ Kochen

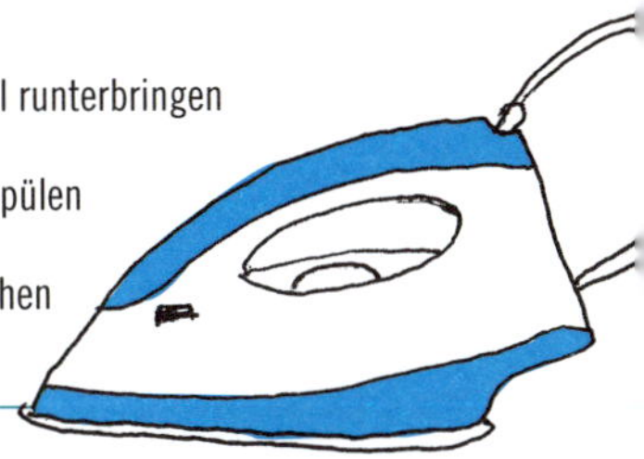

ANGENOMMEN, IHR WÜRDET AUSWANDERN: WO WÜRDE ER AM LIEBSTEN LEBEN? ....

WORAUF KÖNNTE ER IM TÄGLICHEN LEBEN AM EHESTEN VERZICHTEN?

- ☐ Auto
- ☐ WLAN
- ☐ Smartphone
- ☐ Fernseher

ZU WELCHEM KLASSISCHEN KONZERT KÖNNTEST DU IHN „ÜBERREDEN"?

- ☐ Bach
- ☐ Mozart
- ☐ Chopin
- ☐ Beethoven
- ☐ David Garrett

UND ZU WELCHEM ROCK-/POPKONZERT?

- ☐ Robbie Williams
- ☐ Silbermond
- ☐ Coldplay
- ☐ P!nk
- ☐ AC/DC

STIMMT DAS?
FRAG DEINEN EHEMANN

FÜR WELCHE DER FOLGENDEN PERSONEN KÖNNTE ER AM MEISTEN BEWUNDERUNG AUFBRINGEN?

- [ ] Mahatma Gandhi
- [ ] Che Guevara
- [ ] Dalai Lama
- [ ] Papst Johannes Paul II.
- [ ] Albert Einstein
- [ ] Robin Hood

WER, GLAUBST DU, GEHÖRT ZU DEN ABSOLUTEN LIEBLINGSHELDEN SEINER KINDHEIT?

- [ ] Wickie und die starken Männer
- [ ] Die drei ???
- [ ] Die drei Musketiere
- [ ] Captain Future
- [ ] Die Brüder Löwenherz
- [ ] Super Mario

WIE HEISST SEIN AKTUELLER LIEBLINGSSONG?

....

WENN ER DIE CHANCE HÄTTE, AUF EINMAL BERÜHMT ZU SEIN, ALS WAS BZW. WODURCH WÄRE ER ES?

STIMMT DAS?
FRAG DEINEN EHEMANN

WENN ER KAFFEE TRINKT, WIE TRINKT ER IHN AM LIEBSTEN?

- ☐ Schwarz
- ☐ Mit Milch
- ☐ Mit Sahne
- ☐ Mit Süßstoff
- ☐ Mit 1 Löffel Zucker
- ☐ Mit 2 Löffel Zucker
- ☐ Mit 3 oder mehr Löffel Zucker

UND SEINEN TEE?

- ☐ Pur
- ☐ Mit Milch
- ☐ Mit Sahne
- ☐ Mit Zitrone
- ☐ Mit Honig
- ☐ Mit Kandis
- ☐ Mit 1 Löffel Zucker
- ☐ Mit 2 Löffel Zucker
- ☐ Mit 3 oder mehr Löffel Zucker

MAG ER DAS ENDSTÜCK VOM BROT?

- ☐ Ja
- ☐ Nein
- ☐ Neutral

WENN IHR EUCH MORGENS EIN BRÖTCHEN TEILT, WELCHE HÄLFTE BEVORZUGT ER (INSGEHEIM)?

- ☐ Oben
- ☐ Unten
- ☐ Egal

GIBT ES BEI GUMMIBÄRCHEN EINE FARBE, DIE ER BESONDERS MAG?

....

STIMMT DAS?
FRAG DEINEN EHEMANN

FÜR WIE VERSTÄNDNISVOLL UND EINFÜHLSAM HÄLT ER SICH?

- ☐ Gar nicht
- ☐ Ausreichend
- ☐ Gut
- ☐ Ein absoluter Frauenversteher

WÜRDE ER, WENN ER VATER WÄRE, ELTERNZEIT BEANSPRUCHEN?

- ☐ Ja
- ☐ Nein
- ☐ Vielleicht

WENN IM RESTAURANT DAS ESSEN VERSALZEN, FAD ODER BEREITS KALT IST, WAS WÜRDE ER TUN?

- ☐ Es zurückgehen lassen und Neues ordern
- ☐ Es trotzdem konsumieren und nichts sagen
- ☐ Sich lauthals beschweren und nicht zahlen
- ☐ Bei dir mitessen

HAT ER EINEN ZWEITEN VORNAMEN? WELCHEN?

....

HAT ER NOCH ALLE SEINE WEISHEITSZÄHNE?

- Ja
- Nein

?

STIMMT DAS?
FRAG DEINEN EHEMANN

WER, MEINST DU, GIBT – LAUT IHM – BEI EUCH ZU HAUSE DEN TON AN?

☐ Ich ☐ Er ☐ Beide gleichermaßen ☐ Die Katze

JEDER HAT SO SEINE ECKEN UND KANTEN. WELCHE MACKE, DENKST DU, LIEBT ER BESONDERS AN DIR? UND WELCHE MAG ER AM WENIGSTEN?

....

....

WANN HATTET IHR ZULETZT STREIT? UND WORUM GING ES AUS SEINER SICHT?

....

WIE GUT KANN ER, WENN ES NACH SEINEM EMPFINDEN GEHT, EIN GEHEIMNIS BEWAHREN?

☐ Gar nicht ☐ Kommt drauf an ☐ Kann schweigen wie ein Grab

WENN ER EINEN NEUEN BERUF ERLERNEN KÖNNTE/MÜSSTE: WELCHEN JOB WÜRDE ER SICH AUSSUCHEN?

....

STIMMT DAS?
FRAG DEINEN EHEMANN

WANN HAT ER DAS LETZTE MAL GEWEINT? UND WARUM?

....

FALLS ER EINEN SCHEITEL TRÄGT, WIE TRÄGT ER IHN?

(HINGUCKEN GILT NICHT!)

- [ ] Nach rechts
- [ ] Nach links
- [ ] In der Mitte

GIBT ES ETWAS, DAS IHN VERUNSICHERT?

....

UND ETWAS, DAS IHM ANGST MACHT (HÖHE, ENGE, SPINNEN O.Ä.)?

....

FÜR WELCHE DIESER „TRENDSPORTARTEN" LÄSST ER SICH AM MEISTEN BEGEISTERN?

- [ ] Kitesurfen
- [ ] Slacklining
- [ ] Speed Badminton
- [ ] Parkour
- [ ] Keine

?

STIMMT DAS?
FRAG DEINEN EHEMANN

WIE LEICHT TRENNT ER SICH VON ALTEN DINGEN?

☐ Leicht ☐ Mittel ☐ Schwer

SINGT ER UNTER DER DUSCHE?

☐ Ja, immer ☐ Nur manchmal

☐ Ganz selten ☐ Nie

WENN NÄCHSTEN SONNTAG WAHLEN WÄREN, WEN WÜRDE ER WÄHLEN?

....

WAS GLAUBST DU, FÜR WIE GROSSZÜGIG HÄLT ER SICH SELBST?

☐ Gar nicht ☐ Angemessen

☐ Sehr ☐ Geradezu verschwenderisch

WAS WAR IN SEINEN AUGEN DIE SCHLIMMSTE MODESÜNDE, DIE ER JE BEGANGEN HAT?

☐ Vokuhila-Frisur ☐ Weiße Tennissocken in Sandalen

☐ Kunterbunte Schlaghosen ☐ Boxershorts mit Comicmotiv

☐ Andere: ....

STIMMT DAS?
FRAG DEINEN EHEMANN

HÄLT ER SICH FÜR EIN TOTALES „ARBEITSTIER"?

☐ Ja ☐ Manchmal ☐ Eher selten ☐ Überhaupt nicht

WAS GLAUBST DU, IN WELCHER „UNTERWÄSCHE" WÜRDE ER DICH GERNE MAL (WIEDER) SEHEN?

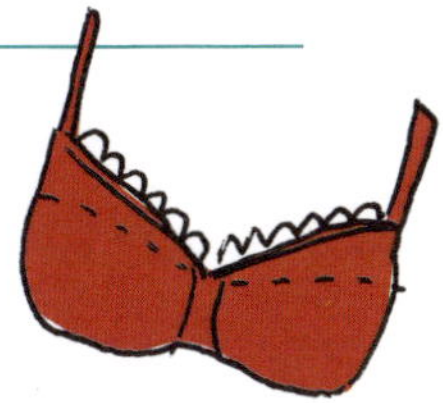

☐ Ledermieder ☐ Spitzen-Corsage
☐ Strapse ☐ Anderes: ....

FÜR EINEN WIE GUTEN TÄNZER HÄLT ER SICH?

☐ Habe zwei linke Beine ☐ Passt schon
☐ Gut, und das mit Spaß ☐ I'm in the house!

HAND AUFS HERZ – WAS WÜRDE ER SAGEN, WIE WEHLEIDIG ER IST?

☐ Sehr ☐ Nur manchmal
☐ Ganz, ganz selten ☐ Ein Indianer kennt keinen Schmerz!

ANGENOMMEN, IHR HABT EINMAL FURCHTBAREN STREIT. MIT WEM KANN ER ÜBER ALLES REDEN?

....

STIMMT DAS?
FRAG DEINEN EHEMANN

WAS DENKST DU – GIBT ES ETWAS, DAS ER GAR NICHT AN SICH SELBST MAG? WAS?

....

WER VON EUCH BEIDEN, WÜRDE ER SAGEN, IST DER BESSERE KOCH?

- [ ] Ich
- [ ] Er
- [ ] Kommt aufs Gericht an
- [ ] Keiner

UND WER DER BESSERE AUTOFAHRER?

- [ ] Ich
- [ ] Er
- [ ] Beide gleichermaßen

FÜR WIE EHRLICH HÄLT ER SICH?

- [ ] Was heißt heutzutage schon ehrlich?!
- [ ] Angenehm normaler Durchschnitt
- [ ] Durch und durch
- [ ] Manchmal vielleicht ein bisschen übertrieben

GLAUBST DU, ER WÜRDE AUS HÖFLICHKEIT, UM DIE GEFÜHLE ANDERER NICHT ZU VERLETZEN, DIE UNWAHRHEIT SAGEN?

- [ ] Ja
- [ ] Nein

STIMMT DAS?
FRAG DEINEN EHEMANN

WELCHE DER FOLGENDEN FIGUREN AUS FILM UND LITERATUR FINDET ER AM BESTEN?

- Aragorn, *Herr der Ringe*
- Indiana Jones
- Hans Pfeiffer, *Die Feuerzangenbowle*
- Michael Knight, *Knight Rider*
- Han Solo, *Star Wars*
- James Bond
- Rhett Butler, *Vom Winde verweht*

WAS DENKST DU, WELCHE DER UNTENSTEHENDEN BÄUME KÖNNTE ER IN FREIER NATUR ERKENNEN?

- Ahorn
- Tanne
- Lärche
- Fichte
- Buche
- Pappel

UND WELCHE DIESER BLUMEN?

- Krokus
- Butterblume
- Kornblume
- Rose
- Veilchen

WENN ER PLÖTZLICH DREI WÜNSCHE FREI HÄTTE, WAS WÜRDE ER SICH WOHL WÜNSCHEN?

....

STIMMT DAS?
FRAG DEINEN EHEMANN

WAS IST DIE KREATIVSTE AUSREDE, DIE ER JEMALS ALS VORWAND GENUTZT HAT, UM SICH VOR ETWAS ZU DRÜCKEN?

....

WENN ER EIN VERIRRTES HAUSTIER AUF DER STRASSE FINDEN WÜRDE, WAS WÜRDE ER TUN?

- ☐ Mit nach Hause nehmen
- ☐ Ins Tierheim bringen
- ☐ Dich anrufen
- ☐ Einfach weitergehen
- ☐ Die Flucht ergreifen

HAT ER SCHON MAL EIN GEDICHT GESCHRIEBEN?

- ☐ Ja, für: ....
- ☐ Nein

GIBT ES EINE PEINLICHE SITUATION AUS SEINER VERGANGENHEIT, ÜBER DIE ER HEUTE LACHEN KANN? WENN JA, WELCHE?

....

....

....

?

STIMMT DAS?
FRAG DEINEN EHEMANN

HAT ER FRÜHER (HEIMLICH) DIE „BRAVO" GELESEN?

- [ ] Ja
- [ ] Nein
- [ ] Nicht die „Bravo", aber: ....

WEISST DU, WANN, WO UND VON WEM ER SEINEN ERSTEN KUSS BEKOMMEN HAT?

....

HAT ER JEMALS ETWAS ILLEGALES GETAN? WENN JA, WAS?

....

ÜBER WELCHES DIESER GESCHENKE WÜRDE ER SICH AM MEISTEN FREUEN?

- [ ] Praktisches Autozubehör
- [ ] Selbst gestrickte Mütze
- [ ] Konzertkarten
- [ ] Edle Weinkiste
- [ ] Spannender Krimi
- [ ] Fotoalbum von eurem letzten Urlaub

WENN ER EINE LISTE VON 10 DINGEN HÄTTE, DIE ER UNBEDINGT EINMAL AUSPROBIEREN MÖCHTE, WAS WÜRDE GANZ OBEN STEHEN?

....

Wie gut KENNST du deine EHEFRAU?

111 QUIZ-FRAGEN FÜR IHN

STIMMT DAS?
FRAG DEINE EHEFRAU

WAS KANN SIE GAR NICHT?

- ☐ Den Akkubohrer bedienen
- ☐ Schach spielen
- ☐ Lügen
- ☐ Reifen wechseln
- ☐ Sich in Geduld üben
- ☐ Krabben pulen

WAS IST IHR LIEBLINGSESSEN?

....

WAS IST IHR LIEBLINGSGETRÄNK?

Mit Alkohol: ....

Ohne Alkohol: ....

WIE BESTELLT SIE IHR WASSER IM RESTAURANT?

- ☐ Mit Sprudel
- ☐ Ohne Sprudel
- ☐ Mit Zitronenspalte

WAS IST IHRE LIEBSTE EISSORTE?

....

STIMMT DAS?
FRAG DEINE EHEFRAU

WENN GELD KEINE ROLLE SPIELEN WÜRDE: WO WÜRDET IHR, WENN ES NACH IHR GEHT, (ZEITWEILIG) WOHNEN?

- ☐ Schickes Loft in der City
- ☐ Blockhütte in den Bergen
- ☐ Schnuckliges Hausboot
- ☐ Traumschloss
- ☐ Im Zelt/Camping-Bus überall auf der Welt
- ☐ Haus am Meer
- ☐ Alter Bauernhof im Grünen

WANN HAT SIE ZUM LETZTEN MAL MIT IHRER MUTTER TELEFONIERT?

....

WAS IST IHR TRAUMAUTO?

....

WO BEWAHRT SIE IHR HANDY AUF, WENN SIE UNTERWEGS IST?

- ☐ Handtasche Seitenfach
- ☐ Clutch
- ☐ Hosentasche
- ☐ Handtasche innen
- ☐ Gürteltasche

STIMMT DAS?
FRAG DEINE EHEFRAU

WAS BRINGT SIE SCHNELL AUF DIE PALME?

....

WAS FÜR EIN „HAARENTFERNUNGSTYP" IST SIE?

- [ ] Nassrasur
- [ ] Mit Schaum
- [ ] Epilieren
- [ ] Wachsen
- [ ] Gar nicht

WIE VIELE GESCHWISTER HAT IHR VATER?

....

WELCHES GLÜCKSSPIEL HAT SIE SCHON AUSPROBIERT?

- [ ] Lotto
- [ ] Blackjack
- [ ] Wer wird Millionär?
- [ ] Roulette

GLAUBT SIE AN GOTT?

- [ ] Ja
- [ ] Nein
- [ ] Manchmal

HAT SIE EINE LIEBLINGSFERNSEHSERIE? WENN JA, WELCHE?

....

?

STIMMT DAS?
FRAG DEINE EHEFRAU

WAS IST IHR IM URLAUB WICHTIG?

- [ ] Luxus
- [ ] Abenteuer
- [ ] Pool
- [ ] Romantik
- [ ] Essen
- [ ] Kingsize-Bett
- [ ] Entspannung
- [ ] Sport

WELCHEN DIESER FILME HAT SIE GESEHEN?

- [ ] Titanic
- [ ] Star Wars
- [ ] Dirty Dancing
- [ ] Verrückt nach Mary
- [ ] Skyfall
- [ ] Die Reifeprüfung
- [ ] 2001: Odyssee im Weltraum

WO WURDE IHRE MUTTER GEBOREN?

....

WOVON TRÄUMT SIE HEIMLICH?

- [ ] Cabrio fahren
- [ ] Schönheitsoperation
- [ ] Fallschirmspringen
- [ ] Model-Karriere
- [ ] Erotische Abenteuer
- [ ] Vom Auswandern

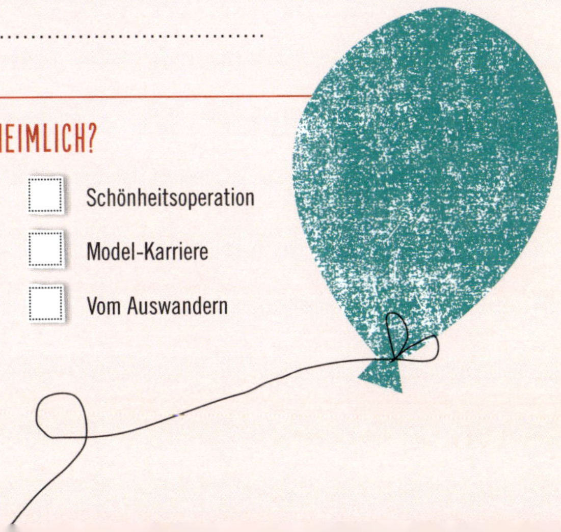

STIMMT DAS?
FRAG DEINE EHEFRAU

WOMIT HAT SIE ALS KIND GESPIELT?

- ☐ Playmobil
- ☐ Stofftier
- ☐ Barbie
- ☐ Nachbarshund
- ☐ Puppenhaus
- ☐ Lego
- ☐ Kastanien, Stöcke und alles Mögliche, was sich so draußen findet

WAS WÜRDE SIE AUF EINER STÄDTEREISE UNBEDINGT ALS ERSTES BESICHTIGEN?

- ☐ Shoppingmeile
- ☐ Museum
- ☐ Sehenswürdigkeit
- ☐ Marken-Outlet
- ☐ Partymeile
- ☐ Wellnessbereich im Hotel

MUSS SIE NIESEN ODER WEINEN, WENN SIE SICH DIE AUGENBRAUEN ZUPFT?

- ☐ Ja
- ☐ Nein

WENN EIN ZAUBERER SIE IN EIN TIER VERWANDELN WÜRDE, WELCHES WÜRDE IHREM TYP AM BESTEN GERECHT WERDEN?

....

WER VON EUCH BEIDEN, WÜRDE SIE SAGEN, FÄHRT BESSER AUTO?

- ☐ Ich
- ☐ Sie
- ☐ Beide gleichermaßen

? STIMMT DAS? FRAG DEINE EHEFRAU

WELCHE KLEIDERGRÖSSE TRÄGT SIE (MEISTENS)?

☐ ☐ XS ☐ S ☐ M ☐ L ☐ XL ☐ XXL

KENNST DU IHRE BH-GRÖSSE?

☐ ☐ Ja, und zwar: .... ☐ Nein, ich passe.

UND WIE SIEHT ES MIT IHRER SCHUHGRÖSSE AUS?

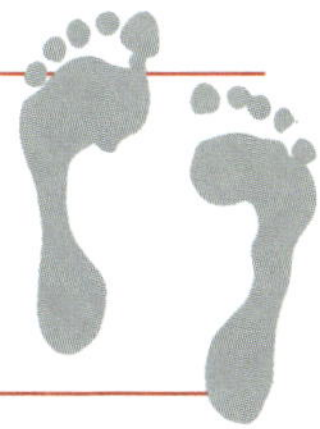

☐ ....

IST IHR ZWEITER ZEH LÄNGER ALS IHR GROSSER ZEH?

☐ ☐ Ja ☐ Nein

VERSUCHE, HIER IHRE UNTERSCHRIFT ZU IMITIEREN:

☐ ....

WIE WICHTIG IST IHR DAS ALLJÄHRLICHE FEIERN EURES HOCHZEITSTAGS?

AUF EINER SKALA VON 1 BIS 10 (1 = GAR NICHT; 10 = SEHR WICHTIG)

☐ ....

?

STIMMT DAS?
FRAG DEINE EHEFRAU

WELCHES LEBENSMITTEL SCHMECKT IHR GAR NICHT?

SIE FINDET EINE WERTVOLLE HERRENUHR AUF DER STRASSE. WAS WÜRDE SIE TUN?

- [ ] Sie mir schenken
- [ ] Sie zu Geld machen
- [ ] Sie ins Fundbüro bringen
- [ ] Einen Zettel in der Nachbarschaft aufhängen

WELCHES BUCH LIEST SIE GERADE?

....

WAS WAR IHR LIEBLINGSFACH IN DER SCHULE?

....

ZU WELCHEM DIESER KONZERTE ODER EVENTS KÖNNTEST DU SIE AM EHESTEN „ÜBERREDEN"?

- [ ] Element of Crime
- [ ] Die Ärzte
- [ ] AC/DC
- [ ] Techno-Party
- [ ] Hard-Rock-Festival
- [ ] Hip-Hop-Party

STIMMT DAS?
FRAG DEINE EHEFRAU

WIE LANGE PUTZT SIE SICH DIE ZÄHNE?

- [ ] Unter 3 Minuten
- [ ] Genau 3 Minuten
- [ ] Länger als 3 Minuten

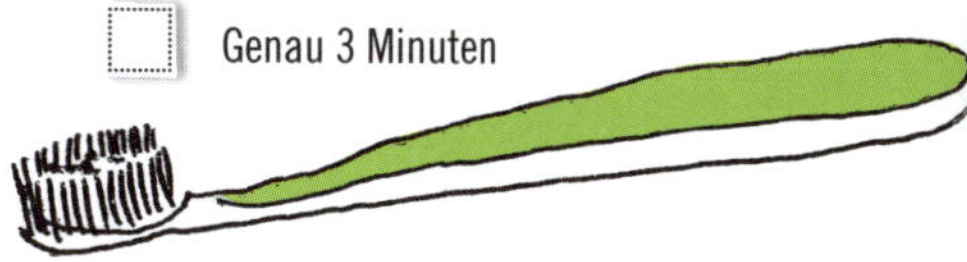

WAS IST IHRE LIEBSTE SCHLAFPOSITION?

- [ ] Auf dem Bauch
- [ ] Auf dem Rücken
- [ ] Auf der Seite

WELCHES POSTER HING IN IHREM KINDERZIMMER?

....

WIE LANGE DAUERT ES IN DER REGEL, BIS SIE EINGESCHLAFEN IST?

- [ ] Sobald das Licht gelöscht wird
- [ ] 10 bis 15 Minuten
- [ ] Länger als 15 Minuten
- [ ] Über eine halbe Stunde

GIBT ES ETWAS AUS IHRER VERGANGENHEIT, DAS SIE BIS HEUTE BEREUT?

....

UND ETWAS, DAS IHR ANGST MACHT? (HÖHE, ENGE, SPINNEN O.Ä.)

....

STIMMT DAS?
FRAG DEINE EHEFRAU

WELCHEN FILM HAT SIE BISHER AM HÄUFIGSTEN GESEHEN?

....

WELCHES DIESER STERNBILDER KANN SIE AM HIMMEL ERKENNEN?

- [ ] Großer Bär/Wagen
- [ ] Kreuz des Südens
- [ ] Schütze
- [ ] Andromeda
- [ ] Keines

WAS IST IHR LIEBLINGSZITAT? (AUS FILM, LITERATUR O.Ä.)

....

....

WENN SIE PLÖTZLICH ZUR SUPERHELDIN MUTIEREN WÜRDE – WER WÄRE SIE AM LIEBSTEN?

- [ ] Superwoman
- [ ] Wonder Woman
- [ ] Batgirl
- [ ] Catwoman
- [ ] Elektra

HAT SIE EINE LIEBLINGSFARBE? WENN JA, WELCHE?

....

STIMMT DAS?
FRAG DEINE EHEFRAU

WELCHE DER UNTENSTEHENDEN „KOMIKERINNEN" KÄME, IHR ZUFOLGE, IHREM HUMOR AM NÄCHSTEN?

- [ ] Cindy aus Marzahn
- [ ] Mirja Boes
- [ ] Anke Engelke
- [ ] Ina Müller
- [ ] Hella von Sinnen
- [ ] Marge Simpson

WENN JEMAND EINE MASCHINE ERFINDEN WÜRDE, DIE ZEITREISEN ERMÖGLICHT, WOHIN WÜRDE SIE DANN REISEN? (NUR EINE MÖGLICHKEIT GEGEBEN)

- [ ] Vergangenheit
- [ ] Zukunft

WELCHES DER FOLGENDEN ÄMTER WÜRDE SIE AM EHESTEN ANTRETEN, WENN SIE MÜSSTE?

- [ ] Bundespräsidentin
- [ ] Umweltministerin
- [ ] Finanzministerin
- [ ] Familienministerin
- [ ] Elternbeiratsvorsitzende

HAT SIE VORBILDER? WELCHE?

....

....

?

STIMMT DAS?
FRAG DEINE EHEFRAU

WELCHES (FILM-)TIER KÄME IHR AM EHESTEN INS HAUS?

☐ Nemo (Fisch) ☐ Lassie (Hund) ☐ Garfield (Katze)

☐ Bugs Bunny (Nager) ☐ Tweety (Vogel) ☐ Kaa (Reptil)

WAS WAR IHR LETZTER TRAUM? WAS IST PASSIERT? UND WER KAM DARIN VOR?

....

WELCHE DER FOLGENDEN TÄTIGKEITEN IM HAUSHALT MAG SIE AM ALLERWENIGSTEN?

☐ Hemden bügeln ☐ Müll runterbringen ☐ Einkaufen gehen

☐ Abspülen ☐ Staubsaugen ☐ Kochen

AUF WELCHEN KOMFORT KÖNNTE SIE IM TÄGLICHEN LEBEN VERZICHTEN?

☐ Auto ☐ WLAN ☐ Smartphone ☐ Fernseher

WENN SIE DIE CHANCE HÄTTE, AUF EINMAL BERÜHMT ZU SEIN, ALS WAS BZW. WODURCH WÄRE SIE ES?

....

STIMMT DAS?
FRAG DEINE EHEFRAU

FÜR WELCHE DER FOLGENDEN PERSONEN KÖNNTE SIE AM MEISTEN BEWUNDERUNG AUFBRINGEN?

- [ ] Alice Schwarzer
- [ ] Sophie Scholl
- [ ] Coco Chanel
- [ ] Marie Curie
- [ ] Mutter Teresa
- [ ] Jeanne d'Arc

WER, GLAUBST DU, GEHÖRT ZU DEN ABSOLUTEN LIEBLINGSHELDEN IHRER KINDHEIT?

- [ ] Bibi Blocksberg
- [ ] Pippi Langstrumpf
- [ ] Biene Maja
- [ ] Hanni und Nanni
- [ ] Die drei ???
- [ ] Die Brüder Löwenherz
- [ ] Wickie und die starken Männer

GIBT ES EINE JAHRESZEIT, DIE SIE AM LIEBSTEN MAG? WENN JA, WELCHE? WARUM?

....

....

WIE GUT IST IM DURCHSCHNITT IHRE LAUNE FRÜHMORGENS? WIE SCHÄTZT SIE SICH EIN?

- [ ] Bestens
- [ ] Mittelprächtig
- [ ] Definitiv: ein Morgenmuffel!

?

STIMMT DAS?
FRAG DEINE EHEFRAU

HAT SIE EINEN GRÜNEN DAUMEN?

☐ Ja ☐ Nein

☐ Kommt ganz auf die Pflanze an

HATTE SIE ALS KIND EINEN SPITZNAMEN? WENN JA, WIE LAUTET ER?

....

WENN SIE IN DER SONNE BRAUN WIRD, WELCHEN FARBTON BEKOMMT DANN IHRE HAUT ANNÄHERND?

☐ Rotbraun ☐ Goldbraun ☐ Schokobraun

AUF WELCHEM KÖRPERTEIL HAT SIE DIE MEISTEN MUTTERMALE?

☐ Rücken ☐ Arme ☐ Beine

☐ Anderes: ....

WAS DENKST DU, FÜR WIE EIFERSÜCHTIG HÄLT SIE SICH SELBST?

☐ Überhaupt nicht ☐ Ein bisschen

☐ Etwas mehr als ein bisschen

☐ Kann schon mal sehr eifersüchtig werden

?

STIMMT DAS?
FRAG DEINE EHEFRAU

WENN SIE KAFFEE TRINKT, WIE TRINKT SIE IHN AM LIEBSTEN?

- [ ] Schwarz
- [ ] Mit Milch
- [ ] Mit Sahne
- [ ] Mit Süßstoff
- [ ] Mit 1 Löffel Zucker
- [ ] Mit 2 Löffel Zucker
- [ ] Mit 3 oder mehr Löffel Zucker

UND IHREN TEE?

- [ ] Pur
- [ ] Mit Milch
- [ ] Mit Sahne
- [ ] Mit Zitrone
- [ ] Mit Honig
- [ ] Mit Kandis
- [ ] Mit 1 Löffel Zucker
- [ ] Mit 2 Löffel Zucker
- [ ] Mit 3 oder mehr Löffel Zucker

MAG SIE DAS ENDSTÜCK VOM BROT?

- [ ] Ja
- [ ] Nein
- [ ] Neutral

WENN IHR EUCH MORGENS EIN BRÖTCHEN TEILT, WELCHE HÄLFTE BEVORZUGT SIE (INSGEHEIM)?

- [ ] Oben
- [ ] Unten
- [ ] Egal

GIBT ES BEI GUMMIBÄRCHEN EINE FARBE, DIE SIE BESONDERS MAG?

....

? STIMMT DAS? FRAG DEINE EHEFRAU

MEIDET SIE ES, IN DER BAHN ENTGEGEN DER FAHRTRICHTUNG ZU SITZEN?

- [ ] Ja, immer
- [ ] Nein
- [ ] Manchmal

WIE VIELE LIEGESTÜTZE SCHAFFT SIE HINTEREINANDER?

....

WENN IM RESTAURANT DAS ESSEN VERSALZEN, FAD ODER BEREITS KALT IST, WAS WÜRDE SIE TUN?

- [ ] Es zurückgehen lassen und Neues ordern
- [ ] Es trotzdem konsumieren und nichts sagen
- [ ] Sich lauthals beschweren und nicht zahlen
- [ ] Bei dir mitessen

WAS ZÄHLT ZU IHREN SCHÖNSTEN KINDHEITSERINNERUNGEN?

....

....

....

?

STIMMT DAS?
FRAG DEINE EHEFRAU

WER, MEINST DU, GIBT – LAUT IHR – BEI EUCH ZU HAUSE DEN TON AN?

☐ Ich ☐ Sie

☐ Beide gleichermaßen ☐ Die Katze

JEDER HAT SO SEINE ECKEN UND KANTEN. WELCHE MACKE LIEBT SIE BESONDERS AN DIR? UND WELCHE MAG SIE AM WENIGSTEN?

 ....

 ....

WANN HATTET IHR ZULETZT STREIT? UND WORUM GING ES AUS IHRER SICHT?

....

WIE GUT KANN SIE, WENN ES NACH IHREM EMPFINDEN GEHT, EIN GEHEIMNIS BEWAHREN?

☐ Gar nicht ☐ Kommt drauf an ☐ Kann schweigen wie ein Grab

HAT SIE EINEN ZWEITEN VORNAMEN? WELCHEN?

....

?

STIMMT DAS?
FRAG DEINE EHEFRAU

☐ WANN HAT SIE DAS LETZTE MAL GEWEINT? UND WARUM?

....

☐ FALLS SIE EINEN SCHEITEL TRÄGT, WIE TRÄGT SIE IHN DANN?

(HINGUCKEN GILT NICHT!)

☐ Nach rechts ☐ Nach links ☐ In der Mitte

☐ GIBT ES ETWAS, DAS SIE VERUNSICHERT?

....

☐ FÜR WELCHE DIESER „TRENDSPORTARTEN" LÄSST SIE SICH AM MEISTEN BEGEISTERN?

☐ Kitesurfen ☐ Slacklining ☐ Speed Badminton
☐ Parkour ☐ Keine

☐ WAS MUNTERT SIE AM BESTEN WIEDER AUF, WENN SIE MIT DEM FALSCHEN FUSS AUFGESTANDEN IST?

....

? STIMMT DAS? FRAG DEINE EHEFRAU

WENN SIE EIN ABONNEMENT FÜR EINE DER UNTENSTEHENDEN ZEITSCHRIFTEN GRATIS ERHALTEN WÜRDE, WELCHE WÜRDE SIE WÄHLEN?

- ☐ Stern
- ☐ Cosmopolitan
- ☐ Bunte
- ☐ Shape
- ☐ GEO

WAS FÜR EIN „SCHOKOLADENTYP" IST SIE?

- ☐ Zartbitter
- ☐ Vollmilch
- ☐ Weiß
- ☐ Nougat
- ☐ Anderes: ....

WEN, GLAUBST DU, FINDET SIE – ABGESEHEN VON DIR NATÜRLICH – AM ATTRAKTIVSTEN?

- ☐ Mel Gibson
- ☐ Robert Pattinson
- ☐ Sean Connery
- ☐ Brad Pitt
- ☐ Jude Law
- ☐ George Clooney
- ☐ Johnny Depp
- ☐ Channing Tatum

UND WELCHE DIESER „(STIL-)IKONEN" GEFÄLLT IHR AM BESTEN?

- ☐ Marilyn Monroe
- ☐ Elizabeth Taylor
- ☐ Romy Schneider
- ☐ Greta Garbo
- ☐ Audrey Hepburn
- ☐ Sophia Loren
- ☐ Brigitte Bardot
- ☐ Twiggy

?

STIMMT DAS?
FRAG DEINE EHEFRAU

WIE LEICHT TRENNT SIE SICH VON ALTEN DINGEN?

☐ Leicht ☐ Mittel ☐ Schwer

WIE HEISST IHR AKTUELLER LIEBLINGSSONG?

....

HAT SIE EINEN OHRWURM, DEN SIE ÖFTER MAL VOR SICH HIN SUMMT?

Wenn ja, welchen? ....

SINGT SIE UNTER DER DUSCHE?

☐ Ja, immer ☐ Nur manchmal ☐ Ganz selten ☐ Nie

WAS WAR IHRER MEINUNG NACH DER SCHÖNSTE LIEBESBEWEIS VON DIR AN SIE?

....

HAT SIE SCHON MAL EINEN STRAFZETTEL KASSIERT?

☐ Ja, für: ....

☐ Nein, noch nie

?

STIMMT DAS?
FRAG DEINE EHEFRAU

☐

WAS HÄLT SIE VON HOHEN ABLÖSESUMMEN FÜR FUSSBALLSPIELER?

☐ Qualität hat seinen Preis

☐ Man kann's auch übertreiben

☐ Interessiert mich nicht

☐

ÜBER WELCHES DIESER GESCHENKE WÜRDE SIE SICH AM ALLERMEISTEN FREUEN?

☐ Seltene Ausgabe ihres Lieblingsromans

☐ Marken-Handtasche

☐ Wellness-Gutschein

☐ Edler Schmuck

☐ Fotoalbum von eurem letzten gemeinsamen Urlaub

☐

TRÄGT SIE NAGELLACK? AUCH AN DEN FUSSNÄGELN? WELCHE FARBE(N)?

....

☐

ANGENOMMEN, IHR HABT EINMAL FURCHTBAREN STREIT. MIT WEM KANN SIE ÜBER ALLES REDEN?

?

STIMMT DAS?
FRAG DEINE EHEFRAU

IN WIE VIELEN VERSCHIEDENEN SPRACHEN KANN SIE „ICH LIEBE DICH" SAGEN? WELCHE SIND DAS?

☐ ……………………………………………………………………………

FÜR WIE EIGENSINNIG UND STUR HÄLT SIE SICH?

☐

- ☐ Wenn ich mir etwas in den Kopf gesetzt habe, dann zieh ich das auch durch!
- ☐ Ich habe so lange Recht, bis mich jemand vom Gegenteil überzeugt …
- ☐ Ich würde das gerne so machen, aber ich lasse auch mit mir reden …
- ☐ Entscheidet ihr, ich häng mich dann einfach mit dran …

ANGENOMMEN, IHR VERANSTALTET EINEN LUSTIGEN SPIELEABEND – IST SIE EINE GUTE VERLIERERIN ODER MUSS SIE STÄNDIG GEWINNEN?

☐  ……………………………………………………………………………

HAT SIE SICH JEMALS EINE DAUERWELLE MACHEN LASSEN?

☐

☐ Ja ☐ Nein

WAS WAR IHRE SCHLIMMSTE „JUGENDSÜNDE"?

☐ ……………………………………………………………………………

?

STIMMT DAS?
FRAG DEINE EHEFRAU

WENN SIE EIN VERIRRTES HAUSTIER AUF DER STRASSE FINDEN WÜRDE, WAS WÜRDE SIE TUN?

☐ ☐ Mit nach Hause nehmen

☐ Ins Tierheim bringen

☐ Dich anrufen

☐ Einfach weitergehen

☐ Die Flucht ergreifen

HAT SIE JEMALS ETWAS ILLEGALES GETAN? WENN JA, WAS?

☐ ....

WENN SIE PLÖTZLICH DREI WÜNSCHE FREI HÄTTE, WAS WÜRDE SIE SICH WOHL WÜNSCHEN?

☐ ....

WELCHE DER FOLGENDEN FIGUREN AUS FILM UND LITERATUR FINDET SIE AM BESTEN?

☐ ☐ Galadriel, *Herr der Ringe*

☐ Prinzessin Leia, *Star Wars*

☐ Erin Brockovich

☐ Emma (Jane Austen)

☐ Lara Croft, *Tomb Raider*

☐ Beatrix Kiddo, *Kill Bill*

?

STIMMT DAS?
FRAG DEINE EHEFRAU

WAS IST DIE KREATIVSTE AUSREDE, DIE SIE JEMALS ALS VORWAND GENUTZT HAT, UM SICH VOR ETWAS ZU DRÜCKEN?

☐ ……………………………………………………………………………

WEISST DU, WANN, WO UND VON WEM SIE IHREN ERSTEN KUSS BEKOMMEN HAT?

☐ ……………………………………………………………………………

HAT SIE JE EIN TAGEBUCH GEFÜHRT?

☐ ☐ Ja ☐ Nein

GLAUBST DU, SIE WÜRDE AUS HÖFLICHKEIT, UM DIE GEFÜHLE ANDERER NICHT ZU VERLETZEN, DIE UNWAHRHEIT SAGEN?

☐ ☐ Ja ☐ Nein

WENN SIE EINE LISTE VON 10 DINGEN HÄTTE, DIE SIE UNBEDINGT EINMAL IM LEBEN AUSPROBIEREN MÖCHTE, WAS WÜRDE GANZ OBEN STEHEN?

☐ 1 ……………………………………………………………………………

FSC
www.fsc.org
MIX
Papier aus verantwortungsvollen Quellen
FSC® C015559

Impressum

Text: Pete Roberts
Gestaltung: Stefanie Wawer
ISBN 978-3-8458-0357-9
www.arsedition.de